PETIT RECUEIL DE POÈMES SUR

l'Enfance

COLLECTIF

BIBLIOTHÈQUE
jolie et rimée
à l'usage des poètes

- MMXIV -

Le Petit Sommaire

Jeanne dort

Jeanne dort ; elle laisse, ô pauvre ange banni,
Sa douce petite âme aller dans l'infini ;
Ainsi le passereau fuit dans la cerisaie ;
Elle regarde ailleurs que sur terre, elle essaie,
Hélas, avant de boire à nos coupes de fiel,
De renouer un peu dans l'ombre avec le ciel.
Apaisement sacré ! ses cheveux, son haleine,
Son teint, plus transparent qu'une aile de phalène,
Ses gestes indistincts, son calme, c'est exquis.
Le vieux grand-père, esclave heureux, pays conquis,
La contemple.

Cet être est ici-bas le moindre
Et le plus grand ; on voit sur cette bouche poindre
Un rire vague et pur qui vient on ne sait d'où ;
Comme elle est belle ! Elle a des plis de graisse au cou ;
On la respire ainsi qu'un parfum d'asphodèle ;
Une poupée aux yeux étonnés est près d'elle,
Et l'enfant par moments la presse sur son coeur.
Figurez-vous cet ange obscur, tremblant, vainqueur,
L'espérance étoilée autour de ce visage,
Ce pied nu, ce sommeil d'une grâce en bas âge.

Oh ! quel profond sourire, et compris de lui seul,
Elle rapportera de l'ombre à son aïeul !
Car l'âme de l'enfant, pas encor dédorée,
Semble être une lueur du lointain empyrée,
Et l'attendrissement des vieillards, c'est de voir
Que le matin veut bien se mêler à leur soir.

Ne la réveillez pas. Cela dort, une rose.
Jeanne au fond du sommeil médite et se compose
Je ne sais quoi de plus céleste que le ciel.
De lys en lys, de rêve en rêve, on fait son miel,
Et l'âme de l'enfant travaille, humble et vermeille,
Dans les songes ainsi que dans les fleurs l'abeille.

Victor Hugo

Enfant, pourquoi pleurer ?

Enfant, pourquoi pleurer, puisque sur ton passage
On écarte toujours les ronces du chemin?
Une larme fait mal sur un jeune visage,
Cueille et tresse les fleurs qu'on jette sous ta main.

Chante, petit enfant, toute chose a son heure ;
Va de ton pied léger, par le sentier fleuri ;
Tout paraît s'attrister sitôt que l'enfant pleure,
Et tout paraît heureux lorsque l'enfant sourit.
Comme un rayon joyeux ton rire doit éclore,
Et l'oiseau doit chanter sous l'ombre des berceaux,
Car le bon Dieu là-haut écoute dès l'aurore
Le rire des enfants et le chant des oiseaux.

Guy de Maupassant
Poésies diverses

Le berceau

DANS LA CHAMBRE PAISIBLE OÙ TOUT BAS LA VEILLEUSE
Palpite comme une âme humble et mystérieuse,
Le père, en étouffant ses pas, s'est approché
Du petit lit candide où l'enfant est couché ;
Et sur cette faiblesse et ces douceurs de neige
Pose un regard profond qui couve et qui protège.
Un souffle imperceptible aux lèvres l'enfant dort,
Penchant la tête ainsi qu'un petit oiseau mort,

Et, les doigts repliés au creux de ses mains closes,
Laisse à travers le lit traîner ses bras de roses.
D'un fin poudroiement d'or ses cheveux l'ont nimbé ;
Un peu de moiteur perle à son beau front bombé,
Ses pieds ont repoussé les draps, la couverture,
Et, libre maintenant, nu jusqu'à la ceinture,
Il laisse voir, ainsi qu'un lys éblouissant,
La pure nudité de sa chair d'innocent.
Le père le contemple, ému jusqu'aux entrailles…
La veilleuse agrandit les ombres aux murailles ;
Et soudain, dans le calme immense de la nuit,
Sous un souffle venu des siècles jusqu'à lui,
Il sent, plein d'un bonheur que nul verbe ne nomme,
Le grand frisson du sang passer dans son cœur d'homme.

Albert Samain

Le Chariot d'or

L'enfance

L'enfant chantait ; la mère au lit, exténuée,
Agonisait, beau front dans l'ombre se penchant ;
La mort au-dessus d'elle errait dans la nuée ;
Et j'écoutais ce râle, et j'entendais ce chant.

L'enfant avait cinq ans, et près de la fenêtre
Ses rires et ses jeux faisaient un charmant bruit ;
Et la mère, à côté de ce pauvre doux être
Qui chantait tout le jour, toussait toute la nuit.

La mère alla dormir sous les dalles du cloître ;
Et le petit enfant se remit à chanter...
La douleur est un fruit ; Dieu ne le fait pas croître
Sur la branche trop faible encor pour le porter.

Victor Hugo

Adieu à l'enfance

Adieu mes jours enfants, paradis éphémère !
Fleur que brûle déjà le regard du soleil,
Source dormeuse où rit une douce chimère,
Adieu ! L'aurore fuit. C'est l'instant du réveil !

J'ai cherché vainement à retenir tes ailes
Sur mon coeur qui battait, disant : « Voici le jour ! »
J'ai cherché vainement parmi mes jeux fidèles
A prolonger mon sort dans ton calme séjour ;

L'heure est sonnée, adieu mon printemps, fleur sauvage ;
Demain tant de bonheur sera le souvenir.
Adieu ! Voici l'été ; je redoute l'orage ;
Midi porte l'éclair, et midi va venir.

Ondine Valmore

L'Enfant et le Maître d'école

Dans ce récit je prétends faire voir
D'un certain sot la remontrance vaine.
Un jeune enfant dans l'eau se laissa choir,
En badinant sur les bords de la Seine.
Le Ciel permit qu'un saule se trouva,
Dont le branchage, après Dieu, le sauva.
S'étant pris, dis-je, aux branches de ce saule,
Par cet endroit passe un Maître d'école.
L'Enfant lui crie : « Au secours ! je péris. »
Le Magister, se tournant à ses cris,
D'un ton fort grave à contre-temps s'avise
De le tancer : « Ah! le petit babouin !
Voyez, dit-il, où l'a mis sa sottise !
Et puis, prenez de tels fripons le soin.
Que les parents sont malheureux qu'il faille
Toujours veiller à semblable canaille !
Qu'ils ont de maux ! et que je plains leur sort ! »
Ayant tout dit, il mit l'enfant à bord.
Je blâme ici plus de gens qu'on ne pense.
Tout babillard, tout censeur, tout pédant,

Se peut connaître au discours que j'avance :
Chacun des trois fait un peuple fort grand ;
Le Créateur en a béni l'engeance.
En toute affaire ils ne font que songer
Aux moyens d'exercer leur langue.
Hé ! mon ami, tire-moi de danger :
Tu feras après ta harangue.

Jean de La Fontaine

Secret pour être heureux

Si vous savez à l'aimable innocence
Garder la foi qu'on lui jure toujours,
Le souvenir des plaisirs de l'enfance
Vous sourira jusqu'à vos derniers jours.

L.

L'oreiller d'un enfant

Cher petit oreiller, doux et chaud sous ma tête,
Plein de plume choisie, et blanc, et fait pour moi !
Quand on a peur du vent, des loups, de la tempête,
Cher petit oreiller, que je dors bien sur toi !

Beaucoup, beaucoup d'enfants, pauvres et nus, sans mère,
Sans maison, n'ont jamais d'oreiller pour dormir ;
Ils ont toujours sommeil, ô destinée amère !
Maman ! douce maman ! cela me fait gémir...

Marceline Desbordes-Valmore

L'enfance

Qu'ils étaient doux ces jours de mon enfance
Où toujours gai, sans soucis, sans chagrin,
Je coulai ma douce existence,
Sans songer au lendemain.
Que me servait que tant de connaissances
A mon esprit vinssent donner l'essor,

On n'a pas besoin des sciences,
Lorsque l'on vit dans l'âge d'or !
Mon coeur encore tendre et novice,
Ne connaissait pas la noirceur,
De la vie en cueillant les fleurs,
Je n'en sentais pas les épines,
Et mes caresses enfantines
Étaient pures et sans aigreurs.
Croyais-je, exempt de toute peine
Que, dans notre vaste univers,
Tous les maux sortis des enfers,
Avaient établi leur domaine ?

Nous sommes loin de l'heureux temps
Règne de Saturne et de Rhée,
Où les vertus, les fléaux des méchants,
Sur la terre étaient adorées,
Car dans ces heureuses contrées
Les hommes étaient des enfants.

Gérard de Nerval

Mon enfance captive...

Mon enfance captive a vécu dans des pierres,
Dans la ville où sans fin, vomissant le charbon,
L'usine en feu dévore un peuple moribond.
Et pour voir des jardins je fermais les paupières...

J'ai grandi ; j'ai rêvé d'orient, de lumières,
De rivages de fleurs où l'air tiède sent bon,
De cités aux noms d'or, et, seigneur vagabond,
De pavés florentins où traîner des rapières.

Puis je pris en dégoût le carton du décor
Et maintenant, j'entends en moi l'âme du nord
Qui chante, et chaque jour j'aime d'un coeur plus fort

Ton air de sainte femme, ô ma terre de Flandre,
Ton peuple grave et droit, ennemi de l'esclandre,
Ta douceur de misère où le coeur se sent prendre,

Tes marais, tes prés verts où rouissent les lins,
Tes bateaux, ton ciel gris où tournent les moulins,
Et cette veuve en noir avec ses orphelins...

Albert Samain

La jeunesse

Tout le plaisir de vivre est tenu dans vos mains,
Ô Jeunesse joyeuse, ardente, printanière,
Autour de qui tournoie l'emportement humain
Comme une abeille autour d'une branche fruitière !

Vous courez dans les champs, et le vol d'un pigeon
Fait plus d'ombre que vous sur l'herbe soleilleuse.
Vos yeux sont verdoyants, pareils à deux bourgeons,
Vos pieds ont la douceur des feuilles cotonneuses.

Vous habitez le tronc fécond des cerisiers
Qui reposent sur l'air leurs pesantes ramures,
Votre coeur est léger comme un panier d'osier
Plein de pétales vifs, de tiges et de mûres.

C'est par vous que l'air joue et que le matin rit,
Que l'eau laborieuse ou dolente s'éclaire,
Et que les coeurs sont comme un jardin qui fleurit
Avec ses amandiers et ses roses trémières !

C'est par vous que l'on est vivace et glorieux,
Que l'espoir est entier comme la lune ronde,

Et que là bonne odeur du jour d'été joyeux
Pénètre largement la poitrine profonde !

C'est par vous que l'on est incessamment mêlé
A la chaude, odorante et bruyante nature ;
Qu'on est fertile ainsi qu'un champ d'orge et de blé,
Beau comme le matin et comme la verdure.

Ah ! jeunesse, pourquoi faut-il que vous passiez
Et que nous demeurions pleins d'ennuis et pleins d'âge,
Comme un arbre qui vit sans lierre et sans rosier,
Qui souffre sur la route et ne fait plus d'ombrage...

Anna de Noailles

Lorsque l'enfant paraît

Lorsque l'enfant paraît, le cercle de famille
Applaudit à grands cris.
Son doux regard qui brille
Fait briller tous les yeux,
Et les plus tristes fronts, les plus souillés peut-être,

Se dérident soudain à voir l'enfant paraître,
Innocent et joyeux.

Soit que juin ait verdi mon seuil, ou que novembre
Fasse autour d'un grand feu vacillant dans la chambre
Les chaises se toucher,
Quand l'enfant vient, la joie arrive et nous éclaire.
On rit, on se récrie, on l'appelle, et sa mère
Tremble à le voir marcher.

Quelquefois nous parlons, en remuant la flamme,
De patrie et de Dieu, des poètes, de l'âme
Qui s'élève en priant ;
L'enfant paraît, adieu le ciel et la patrie
Et les poètes saints ! la grave causerie
S'arrête en souriant.

La nuit, quand l'homme dort, quand l'esprit rêve, à l'heure
Où l'on entend gémir, comme une voix qui pleure,
L'onde entre les roseaux,
Si l'aube tout à coup là-bas luit comme un phare,
Sa clarté dans les champs éveille une fanfare
De cloches et d'oiseaux.

Enfant, vous êtes l'aube et mon âme est la plaine
Qui des plus douces fleurs embaume son haleine
Quand vous la respirez ;
Mon âme est la forêt dont les sombres ramures
S'emplissent pour vous seul de suaves murmures
Et de rayons dorés !

Car vos beaux yeux sont pleins de douceurs infinies,
Car vos petites mains, joyeuses et bénies,
N'ont point mal fait encor ;
Jamais vos jeunes pas n'ont touché notre fange,
Tête sacrée ! enfant aux cheveux blonds ! bel ange
À l'auréole d'or !

Vous êtes parmi nous la colombe de l'arche.
Vos pieds tendres et purs n'ont point l'âge où l'on marche.
Vos ailes sont d'azur.
Sans le comprendre encor vous regardez le monde.
Double virginité ! corps où rien n'est immonde,
Âme où rien n'est impur !

Il est si beau, l'enfant, avec son doux sourire,
Sa douce bonne foi, sa voix qui veut tout dire,
Ses pleurs vite apaisés,

Laissant errer sa vue étonnée et ravie,
Offrant de toutes parts sa jeune âme à la vie
Et sa bouche aux baisers !

Seigneur ! préservez-moi, préservez ceux que j'aime,
Frères, parents, amis, et mes ennemis même
Dans le mal triomphants,
De jamais voir, Seigneur ! l'été sans fleurs vermeilles,
La cage sans oiseaux, la ruche sans abeilles,
La maison sans enfants !

Victor Hugo

J'étais un faible enfant...

J'étais un faible enfant qu'elle était grande et belle ;
Elle me souriait et m'appelait près d'elle.
Debout sur ses genoux, mon innocente main
Parcourait ses cheveux, son visage, son sein,
Et sa main quelquefois, aimable et caressante,
Feignait de châtier mon enfance imprudente.
C'est devant ses amants, auprès d'elle confus,

Que la fière beauté me caressait le plus.
Que de fois (mais, hélas ! que sent-on à cet âge ?)
Les baisers de sa bouche ont pressé mon visage !
Et les bergers disaient, me voyant triomphant :
« Ô que de biens perdus ! ô trop heureux enfant ! »

André Chénier

La Fortune et le jeune Enfant

Sur le bord d'un puits très profond
Dormait étendu de son long
Un Enfant alors dans ses classes.
Tout est aux Ecoliers couchette et matelas.
Un honnête homme en pareil cas
Aurait fait un saut de vingt brasses.
Près de là tout heureusement
La Fortune passa, l'éveilla doucement,
Lui disant : Mon mignon, je vous sauve la vie.
Soyez une autre fois plus sage, je vous prie.

Si vous fussiez tombé, l'on s'en fût pris à moi ;
Cependant c'était votre faute.
Je vous demande, en bonne foi,
Si cette imprudence si haute
Provient de mon caprice. Elle part à ces mots.
Pour moi, j'approuve son propos.
Il n'arrive rien dans le monde
Qu'il ne faille qu'elle en réponde.
Nous la faisons de tous Echos.
Elle est prise à garant de toutes aventures.
Est-on sot, étourdi, prend-on mal ses mesures ;
On pense en être quitte en accusant son sort :
Bref la Fortune a toujours tort.

Jean de La Fontaine

Sous un berceau de fleurs, un bel enfant repose

Sous un berceau de fleurs, un bel enfant repose
Dans les bras maternels, - deux ivoires polis.
Vermeil, demi-penché, l'on dirait d'une rose
Qu'un souffle de printemps incline entre deux lis.

Déroulée en anneaux, sa chevelure est blonde
Comme un bouquet d'épis aux mains du moissonneur.
Bleus comme les lotus qui se mirent dans l'onde,
Ses yeux en ont l'éclat, leurs regards, la douceur.

Son sourire ressemble à celui de l'aurore
Transparente à travers le voile de la nuit ;
Sa voix, au cri joyeux, mais inhabile encore,
De l'oisillon jasant à l'étroit dans son nid.

De la voix, du sourire, il enchante et caresse
L'oreille et les regards ; et la mère, à son tour,
Abeille butinant une rose, ne cesse
De cueillir des baisers sur cette fleur d'amour.

Léandre Brocherie

Le bouc aux enfants

Sous bois, dans le pré vert dont il a brouté l'herbe,
Un grand bouc est couché, pacifique et superbe.
De ses cornes en pointe, aux noeuds superposés,
La base est forte et large et les bouts sont usés ;
Car le combat jadis était son habitude.
Le poil, soyeux à l'oeil, mais au toucher plus rude,
Noir tout le long du dos, blanc au ventre, à flots fins
Couvre sans les cacher les deux flancs amaigris.
Et les genoux calleux et la jambe tortue,
La croupe en pente abrupte et l'échine pointue,
La barbe raide et blanche et les grands cils des yeux
Et le nez long, font voir que ce bouc est très vieux.
Aussi, connaissant bien que la vieillesse est douce,
Deux petits mendiants s'approchent, sur la mousse,
Du dormeur qui, l'oeil clos, semble ne pas les voir.
Des cornes doucement ils touchent le bout noir.
Puis, bientôt enhardis et certains qu'il sommeille,
Ils lui tirent la barbe en riant. Lui, s'éveille,
Se dresse lentement sur ses jarrets noueux,
Et les regarde rire, et rit presque avec eux.
De feuilles et de fleurs ornant sa tête blanche,
Ils lui mettent un mors taillé dans une branche,

Et chassent devant eux à grands coups de rameau
Le vénérable chef des chèvres du hameau.
Avec les sarments verts d'une vigne sauvage
Ils ajustent au mors des rênes de feuillage.
Puis, non contents, malgré les pointes de ses os,
Ils montent tous les deux à cheval sur son dos,
Et se tiennent aux poils, et de leurs jambes nues
Font sonner les talons sur ses côtes velues.
On entend dans le bois, de plus en plus lointains,
Les voix, les cris peureux, les rires argentins ;
Et l'on voit, quand ils vont passer sous une branche,
Vers la tête du bouc leur tête qui se penche,
Tandis que sous leurs coups et sans presser son pas
Lui va tout doucement pour qu'ils ne tombent pas.

Jean Richepin

J'aime un petit enfant, et je suis un vieux fou

J'AIME UN PETIT ENFANT, ET JE SUIS UN VIEUX FOU.

- GRAND-PÈRE ? - QUOI ? - JE VEUX M'EN ALLER. - ALLER OÙ ?
- Où je voudrai. - Partons. - Je veux rester, grand-père.
- Restons. - Grand-père ? - Quoi ? - Pleuvra-t-il ? -
[Non, j'espère.]
- Je veux qu'il pleuve, moi. - Pourquoi ? - Pour faire un peu
Pousser mon haricot dans mon jardin. - C'est Dieu
Qui fait la pluie. - Eh bien, je veux que Dieu la fasse.
- Mais s'il ne voulait pas ? - Moi, je veux. Si je casse
Mon joujou, le bon Dieu ne peut pas m'empêcher.
Ainsi... - C'est juste. Il va peut-être se fâcher,
Mais passons-nous de lui. - Pour qu'il pleuve ? - Sans doute.
Viens, prenons l'arrosoir du jardinier Jacquot,
Et nous ferons pleuvoir. - Où ? - Sur ton haricot.

Victor Hugo

La réconciliation

Deux enfants, deux amis ont-ils une dispute,
J'entends dire à chacun que l'autre a commencé.
Eh bien ! que ton orgueil lui cède et s'exécute ;
De te raccommoder, toi, sois le plus pressé.

Morel de Vindé

Jeanne était au pain sec...

Jeanne était au pain sec dans le cabinet noir,
Pour un crime quelconque, et, manquant au devoir,
J'allai voir la proscrite en pleine forfaiture,
Et lui glissai dans l'ombre un pot de confiture
Contraire aux lois. Tous ceux sur qui, dans ma cité,
Repose le salut de la société,
S'indignèrent, et Jeanne a dit d'une voix douce :
- Je ne toucherai plus mon nez avec mon pouce ;
Je ne me ferai plus griffer par le minet.
Mais on s'est récrié : - Cette enfant vous connaît ;
Elle sait à quel point vous êtes faible et lâche.

Elle vous voit toujours rire quand on se fâche.
Pas de gouvernement possible. À chaque instant
L'ordre est troublé par vous ; le pouvoir se détend ;
Plus de règle. L'enfant n'a plus rien qui l'arrête.
Vous démolissez tout. - Et j'ai baissé la tête,
Et j'ai dit : - Je n'ai rien à répondre à cela,
J'ai tort. Oui, c'est avec ces indulgences-là
Qu'on a toujours conduit les peuples à leur perte.
Qu'on me mette au pain sec. - Vous le méritez, certe,
On vous y mettra. - Jeanne alors, dans son coin noir,
M'a dit tout bas, levant ses yeux si beaux à voir,
Pleins de l'autorité des douces créatures :
- Eh bien, moi, je t'irai porter des confitures

Victor Hugo

« Tandis que je rêve, les souvenirs de mon enfance et de ma jeunesse me reviennent un à un, doux, calmes, riants, comme des îles de fleurs (...). »

Victor Hugo

Primeurs

Au flâneur, le long du marché,
Mai, qui sourit, fait des surprises :
Par hasard, m'étant approché,
J'ai vu les premières cerises !

Ces beaux fruits ronds, brillants, charnus
Sur des lits épais de fougère,
Pour nous tenter sont revenus
Avec la fraise bocagère.

Dès ce soir, les petits enfants,
Aux lèvres pures et vermeilles,
Après leur dîner, triomphants,
Se mettront des pendants d'oreilles.

Plus tard, dépouillant les buissons
Et barbouillés du jus des mûres,
Ils iront jaser, gais pinsons,
A l'ombre des vertes ramures.

Mais mon cœur se serre. - Pourquoi ?
- Je songe à ma lointaine enfance,
Aux rires de si bon aloi,
Pleins de naïve insouciance...

En ce temps, ma mère à son cou
Me prenait (ô douceurs exquises !)
Et, très fier d'un bouquet d'un fou.
J'avais les premières cerises !

Alexandre Piedagnel

La poupée ouverte

Madeleine, une enfant, était fort occupée,
Tout en riant à belles dents,
A plonger les ciseaux au cœur de sa poupée,
Pour voir ce qu'elle avait dedans.

Or, elle n'avait rien. –Dans le joujou stupide
Le marchand n'avait mis que du son et du crin.
Alors l'enfant rieuse incline un front chagrin
Et se met à pleurer : la poupée était vide !

Il ne faut pas aller trop au fond du plaisir.
Où l'on devient triste à mourir.
Petites, prenez garde, ou vous seriez trompées ;
Il ne faut pas ouvrir le ventre des poupées !

Louis-Gustave-Fortuné Ratisbonne

Je prendrai par la main les deux petits enfants

Je prendrai par la main les deux petits enfants ;
J'aime les bois où sont les chevreuils et les faons,
Où les cerfs tachetés suivent les biches blanches
Et se dressent dans l'ombre effrayés par les branches ;
Car les fauves sont pleins d'une telle vapeur
Que le frais tremblement des feuilles leur fait peur.

Les arbres ont cela de profond qu'ils vous montrent
Que l'éden seul est vrai, que les coeurs s'y rencontrent,
Et que, hors les amours et les nids, tout est vain ;
Théocrite souvent dans le hallier divin
Crut entendre marcher doucement la ménade.
C'est là que je ferai ma lente promenade
Avec les deux marmots. J'entendrai tour à tour
Ce que Georges conseille à Jeanne, doux amour,
Et ce que Jeanne enseigne à George. En patriarche
Que mènent les enfants, je réglerai ma marche
Sur le temps que prendront leurs jeux et leurs repas,
Et sur la petitesse aimable de leurs pas.
Ils cueilleront des fleurs, ils mangeront des mûres.
Ô vaste apaisement des forêts ! ô murmures !
Avril vient calmer tout, venant tout embaumer.
Je n'ai point d'autre affaire ici-bas que d'aimer.

Victor Hugo

« Le génie, c'est l'enfance retrouvée à volonté. »

Charles Baudelaire

Souvenirs d'enfance

O FRÈRE, Ô JEUNE AMI, DERNIER FILS DE MA MÈRE,
O toi qui devanças, dans le val regretté,
Cette enfant, notre sœur, une rose éphémère,
Qui ne vécut qu'un jour d'été ;

QUE FAIS-TU, CHER ABSENT, Ô MON FRÈRE ! À CETTE HEURE
Où mon cœur et mes yeux se retournent vers toi ?
Ta pensée, évoquant les beaux jours que je pleure,
Revole-t-elle aussi vers moi ?

SOUVENT DANS MON EXIL, JE RÊVE À NOTRE ENFANCE,
A nos matins si purs écoulés sous les bois,
Et sur mon front le vent des souvenirs balance
Les molles ombres d'autrefois.

POUR TROMPER LES ENNUIS D'UN PRÉSENT BIEN ARIDE
Pour rafraîchir mon pied que la route a lassé,
Je remonte, songeur, à la source limpide
Qui gazouille dans mon passé.

De nos beaux jours c'était le matin et le rêve :
Tout était joie et chants, fleurs et félicités !
O bonheurs des enfants que le temps nous enlève,
Pourquoi nous avez-vous quittés ?

Nous étions trois alors. Éveillés dès l'aurore,
Sortant du nid à l'heure où l'aube sort du ciel,
Nous allions dans les fleurs qu'elle avait fait éclore
Boire la rosée et le miel.

Elle et toi, de concert à ma voix indociles,
Vous braviez du soleil les torrides chaleurs.
Quand ma mère accourait, l'arbre aux ombres mobiles
Voilait nos plaisirs querelleurs.

Elle avait tout vu. Quittant le frais ombrage,
Nous lisions notre faute à son front rembruni.
Moi - j'étais votre aîné - bien qu'étant le plus sage,
Je n'étais pas le moins puni.

Nous la suivions. Bientôt, trompant sa vigilance,
Nous revolions aux champs, au grand air, au soleil,
Et des bois assoupis, tiède abri du silence,
Nous allions troubler le sommeil.

Alors, malheur à l'arbre à la grappe embaumée,
Au fruit d'or rayonnant à travers les rameaux !
Nous brisions branche et fruits, la grappe et la ramée,
Et jusqu'aux nids des tourtereaux.

Et puis nous descendions la pente des ravines,
Où l'onde et les oiseaux confondaient leurs chansons,
Nous heurtant aux cailloux, nous blessant aux épines
Des framboisiers et des buissons.

Un lac était au bas, large, aux eaux peu profondes.
Sur ses bords qu'ombrageait le dais mouvant des bois,
Avec les beaux oiseaux furtifs amis des ondes,
Enfants, nous jouions tous les trois.

Pour suivre sur les flots leur caprice sauvage,
Des troncs du bananier nous faisions un radeau,
Et sur ce frêle esquif, glissant près du rivage,
Nous poursuivions les poules d'eau.

Ma sœur, trempant ses pieds dans l'onde claire et belle,
Comme la fée-enfant de ces bords enchanteurs,
Jetait aux bleus oiseaux qui nageaient devant elle
Des fruits, des baisers et des fleurs.

Et puis nous revenions. Notre mère, inquiète,
Pour nous punir s'armant de sévères froideurs,
Nous attendait au seuil de l'humble maisonnette,
Heureuse, avec des mots grondeurs.

O chagrin des enfants, qu'aisément tu désarmes
Les mères ! Nous donnant et des fruits et du lait,
Elle mêlait aux mots qui nous coûtaient des larmes
Le baiser qui nous consolait.

Ainsi coulaient nos jours. - O radieuse aurore !
O mes doux compagnons, je crois vous voir encore !
Bonheurs évanouis des printemps révolus,
Soleils des gais matins qui ne m'éclairez plus,
A vos jeunes chaleurs rajeunissant mon être,
Je sens mon cœur revivre et mon passé renaître !
Je vous retrouve enfin ! Je vois là, sous mes yeux,
Courir sur les gazons mes souvenirs joyeux.
Je vois, de notre mère oubliant la défense,
Par les grands champs de riz voltiger notre enfance.
Chassons le papillon, l'insecte, les oiseaux,
Glanons un fruit tombé sur le cristal des eaux ;
C'est le ravin, le lac aux vagues argentines,
Le vieil arbre ombrageant nos têtes enfantines ;

C'est toi, c'est notre mère aux yeux pleins de douceur !
C'est moi, c'est… ; ô mon frère ! où donc est notre sœur ?

Un tertre vert, voilà ce qui nous reste d'elle !
Quand une âme est si blanche, à lui Dieu la rappelle.
Tige, orgueil de nos champs et que la brise aimait,
Tout en elle brillait, fleurissait, embaumait.
Lys sans tache, à la vie elle venait d'éclore,
Douce comme un parfum, blonde comme une aurore !
Le soleil à ses jours mesurait les chaleurs ;
Des roses du Bengale elle avait les pâleurs.
Oh ! les fins cheveux d'or ! Les nouvelles épouses
Du bonheur de ma mère, hélas ! étaient jalouses.
Toutes lui faisaient fête et, des mains et des yeux
Caressant de son front l'ovale harmonieux,
Demandaient au Seigneur, d'une lèvre muette,
Un blond enfant semblable à cette blonde tête !
Nos Noirs, comme ils l'aimaient ! Dans leur langue de feu
Ils la disaient l'étoile et la fille de Dieu.
Naïfs, ils comparaient cette fleur des savanes
Aux fraîches visions qui hantent les cabanes :
C'était un bon génie, une âme douce aux Noirs ;
Et, lorsque du labour ils revenaient, les soirs,
Tous, ils lui rapportaient des nids et des jam-roses,

Ou le bleu papillon, amant ailé des roses.
Hélas ! que vous dirais-je encor de notre sœur ?
Elle était tout pour nous, grâce et fée, astre et fleur ;
L'ange de la maison au nimbe d'innocence ;
La tige virginale, et le palmier d'enfance
Qui, croissant avec nous sous les yeux maternels,
Mêlait à nos rameaux ses rameaux fraternels.
C'est ma nourrice aussi qui l'avait élevée :
Nous étions presque enfants d'une même couvée ;
Oiseaux à qui le ciel faisait des jours pareils,
Un même nid le soir berçait nos longs sommeils.
Temps heureux ! Et la mort ! ô deuil ! ma pauvre mère !...
Elle vint après nous et s'en fut la première. (...)

Auguste Lacaussade
Poèmes et Paysages

Aux bains de mer

SUR LA PLAGE ÉLÉGANTE AU SABLE DE VELOURS
Que frappent, réguliers et calmes, les flots lourds,
Tels que des vers pompeux aux nobles hémistiches,

Les enfants des baigneurs oisifs, les enfants riches,
Qui viennent des hôtels voisins et des chalets,
La jaquette troussée au-dessus des mollets,
Courent, les pieds dans l'eau, jouant avec la lame.
Le rire dans les yeux et le bonheur dans l'âme,
Sains et superbes sous leurs habits étoffés
Et d'un mignon chapeau de matelot coiffés,
Ces beaux enfants gâtés, ainsi qu'on les appelle,
Creusent gaîment, avec une petite pelle,
Dans le fin sable d'or des canaux et des trous ;
Et ce même Océan, qui peut dans son courroux
Broyer sur les récifs les grands steamers de cuivre,
Laisse, indulgent aïeul, son flot docile suivre
Le chemin que lui trace un caprice d'enfant.
Ils sont là, l'œil ravi, les cheveux blonds au vent,

Non loin d'une maman brodant sous son ombrelle,
Et trouvent, à coup sûr, chose bien naturelle,
Que la mer soit si bonne et les amuse ainsi.
- Soudain, d'autres enfants, pieds nus comme ceux-ci,
Et laissant monter l'eau sur leurs jambes bien faites,
Des moussaillons du port, des pêcheurs de crevettes,
Passent, le cou tendu sous le poids des paniers.
Ce sont les fils des gens du peuple, les derniers

Des pauvres, et le sort leur fit rude la vie.
Mais ils vont, sérieux, sans un regard d'envie
Pour ces jolis babys et les plaisirs qu'ils ont.
Comme de courageux petits marins qu'ils sont,
Ils aiment leur métier pénible et salutaire
Et ne jalousent point les heureux de la terre ;
Car ils savent combien maternelle est la mer
Et que pour eux aussi souffle le vent amer
Qui rend robuste et belle, en lui baisant la joue,
L'enfance qui travaille et l'enfance qui joue.

François Coppée
Le Cahier Rouge

« IL FAUT AIMER SES AMIS COMME ON AIME SES ENFANTS, POUR EUX ET NON POUR SOI. »

BALZAC

Une allée du Luxembourg

ELLE A PASSÉ, LA JEUNE FILLE
Vive et preste comme un oiseau
À la main une fleur qui brille,
À la bouche un refrain nouveau.

C'EST PEUT-ÊTRE LA SEULE AU MONDE
Dont le coeur au mien répondrait,
Qui venant dans ma nuit profonde
D'un seul regard l'éclaircirait !

MAIS NON, - MA JEUNESSE EST FINIE...
Adieu, doux rayon qui m'as lui, -
Parfum, jeune fille, harmonie...
Le bonheur passait, - il a fui !

Gérard de Nerval

Les Enfants trouvées

II

Les berceaux ont leurs destinées !
Et vous ne les avez pas vus,
Les fronts de mères inclinées
Comme la Vierge sur Jésus.

Vos sombres âmes stupéfaites,
Enfants, ne se rappellent pas
La chambre joyeuse, les fêtes
Du premier cri, du premier pas,

La gambade faite en chemise
Sur le tapis, devant le feu,
La gaîté bruyante et permise,
Et l'aïeule qui gronde un peu.

- Pourtant ce qui vous fait, si jeunes,
Pareilles aux fleurs des prisons,
Ce ne sont ni les rudes jeûnes,
Ni les pénibles oraisons :

Ces graves filles, vos maîtresses,
Vous pouvez leur dire : « Ma sœur ! »
Sans amour tendre ni caresses,
Elles ont du moins la douceur ;

Une de ces vierges chrétiennes
Joint tous les jours, souvenez-vous,
Vos petites mains sous les siennes,
En vous tenant sur ses genoux ;

Et sa voix, bonne et familière,
Vous fait répéter chaque soir
Une belle et longue prière
Qui parle d'amour et d'espoir.

François Coppée

Dieu fait les questions pour que l'enfant réponde

DIEU FAIT LES QUESTIONS POUR QUE L'ENFANT RÉPONDE.

« LES DEUX BÊTES LES PLUS GRACIEUSES DU MONDE,
Le chat et la souris, se haïssent. Pourquoi ?
Explique-moi cela, Jeanne. » Non sans effroi
Devant l'énormité de l'ombre et du mystère,
Jeanne se mit à rire. « Eh bien ? - Petit grand-père,
Je ne sais pas. Jouons. » Et Jeanne repartit :
« Vois-tu, le chat c'est gros, la souris c'est petit.
- Eh bien ? » Et Jeanne alors, en se grattant la tête,
Reprit : « Si la souris était la grosse bête,
À moins que le bon Dieu là-haut ne se fâchât,
Ce serait la souris qui mangerait le chat. »

Victor Hugo

L'enfant lit l'almanach

L'ENFANT LIT L'ALMANACH PRÈS DE SON PANIER D'OEUFS.
Et, en dehors des Saints et du temps qu'il fera,
Elle peut contempler les beaux signes des cieux :
Chèvre, Taureau, Bélier, Poissons, et caetera.

AINSI PEUT-ELLE CROIRE, PETITE PAYSANNE,
Qu'au-dessus d'elle, dans les constellations,
Il y a des marchés pareils avec des ânes,
Des taureaux, des béliers, des chèvres, des poissons.

C'EST LE MARCHÉ DU CIEL SANS DOUTE QU'ELLE LIT.
Et, quand la page tourne au signe des Balances,
Elle se dit qu'au ciel comme à l'épicerie
On pèse le café, le sel et les consciences.

Francis Jammes

Les grand'mères

Vous tous petits enfants, aimez bien vos grand'mères,
Entourez-les ; leur âge a des douleurs amères ;
Oh ! formez devant l'âtre une riante cour,
Quand votre aïeule vient au cercle de famille
Chauffez ses membres froids au foyer qui pétille,
    Son cœur à votre amour !
Votre sourire franc qu'elle aime et qu'elle implore
Est un rayon d'hiver qui la ranime encore ;
Son frais et vert printemps lui semble refleuri,
Quand son petit enfant vient gazouiller près d'elle
Comme un petit oiseau joyeux qui monte et bat de l'aile
    Sur un arbre flétri.
Ses mains qu'il faut presser avec mille tendresses
Sont pleines de jouets et pleines de caresses.
Baisez ses cheveux blancs, diadème béni ;
Qu'il souffle un peu d'amour dans ses chemins arides.
Un seul baiser d'enfant fait oublier vingt rides
    A son front rajeuni !

Anaïs Ségalas

Jeanne songeait

Jeanne songeait, sur l'herbe assise, grave et rose ;
Je m'approchai : - Dis-moi si tu veux quelque chose,
Jeanne ? - car j'obéis à ces charmants amours,
Je les guette, et je cherche à comprendre toujours
Tout ce qui peut passer par ces divines têtes.
Jeanne m'a répondu : - Je voudrais voir des bêtes.
Alors je lui montrai dans l'herbe une fourmi.
Vois ! - Mais Jeanne ne fut contente qu'à demi.
- Non, les bêtes, c'est gros, me dit-elle.

Leur rêve,
C'est le grand. L'océan les attire à sa grève,
Les berçant de son chant rauque, et les captivant
Par l'ombre, et par la fuite effrayante du vent ;
Ils aiment l'épouvante, il leur faut le prodige.
- Je n'ai pas d'éléphant sous la main, répondis-je.
Veux-tu quelque autre chose ? ô Jeanne, on te le doit !
Parle. - Alors Jeanne au ciel leva son petit doigt.
- Ça, dit-elle. - C'était l'heure où le soir commence.
Je vis à l'horizon surgir la lune immense.

Victor Hugo

La terre et l'enfant

Enfant sur la terre on se traîne,
Les yeux et l'âme émerveillés,
Mais, plus tard, on regarde à peine
Cette terre qu'on foule aux pieds.
Je sens déjà que je l'oublie,
Et, parfois, songeur au front las,
Je m'en repens et me rallie
Aux enfants qui vivent plus bas.
Détachés du sein de la mère,
De leurs petits pieds incertains
Ils vont reconnaître la terre
Et pressent tout de leurs deux mains ;
Ils ont de graves tête-à-tête
Avec le chien de la maison ;
Ils voient courir la moindre bête
Dans les profondeurs du gazon ;
Ils écoutent l'herbe qui pousse,
Eux seuls respirent son parfum ;
Ils contemplent les brins de mousse
Et les grains de sable un par un ;
Par tous les calices baisée,
Leur bouche est au niveau des fleurs,

Et c'est souvent de la rosée
Qu'on essuie en séchant leurs pleurs.
J'ai vu la terre aussi me tendre
Ses bras, ses lèvres, autrefois !
Depuis que je la veux comprendre,
Plus jamais je ne l'aperçois.
Elle a pour moi plus de mystère,
Désormais, que de nouveauté ;
J'y sens mon coeur plus solitaire,
Quand j'y rencontre la beauté ;
Et, quand je daigne par caprice
Avec les enfants me baisser,
J'importune cette nourrice
Qui ne veut plus me caresser.

René-François Sully Prudhomme

Les fées

Tout jeune lycéen est quelque peu sceptique
Dès qu'il a commencé le latin, il se pique
D'être un parfait savant et d'un ton érudit

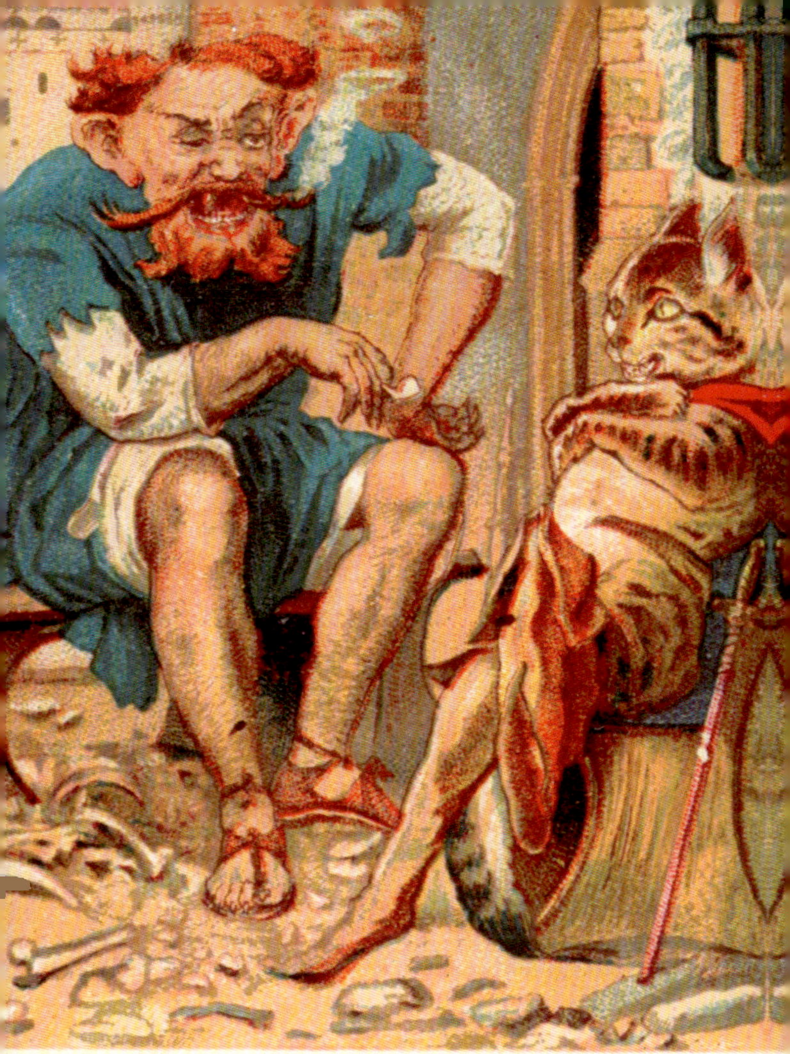

LE CHAT BOTTÉ (4)

.e Chat alla voir un jour un Ogre dans son château et lui demanda s'il
ait vrai qu'il pût se changer en un animal quelconque. L'ogre pour
ontrer sa puissance, se changea en souris, mais il fut aussitôt croqué
ır le Chat qui devint ainsi le maître du château et de ses dépendances.

Raille ce qu'il aimait « quand il était petit... »
Fi des récits naïfs qui le mettaient en joie !
Perrault n'a plus d'attraits ! Adieu ma Mère l'Oie !
On sait bien que tout ça n'a jamais existé ;
Non pas plus Cendrillon que maître Chat botté !
Tel est un peu le cas d'un écolier que j'aime
Néanmoins : monsieur Paul, élève de septième.
C'était hier. Avec des airs de professeur,
Je l'entendais parler à sa petite sœur,
Muette, en se trouvant si bien apostrophée :
« Es-tu simple ?... as-tu vu quelque part une fée ?...
Non, n'est-ce pas ? Jamais. Tes contes merveilleux,
Ma chère, mentent tous, et cela saute aux yeux.
Ainsi comment veux-tu qu'une dame, Suzette,
Reste éternellement belle, bonne, parfaite ;
Qu'elle puisse aisément vous métamorphoser,
Accomplir vos souhaits ou bien s'y refuser ;
Devancer vos désirs secrets ; lire en votre âme... ?
Sais-tu que ce serait presque Dieu, cette femme ! »
La fillette à ces mots riposte simplement :
- Veux-tu voir une fée ?...
- Ah oui !...
- Voilà maman.

Charles Ségard

« On est de son enfance comme on est d'un pays. »

Saint-Exupéry

Enfantillage

Madame, vous étiez petite,
J'avais douze ans ;
Vous oubliez vos courtisans
Bien vite !

Je ne voyais que vous au jeu
Parmi les autres ;
Mes doigts frôlaient parfois les vôtres
Un peu...

Comme à la première visite
Faite au rosier,
Le papillon sans appuyer
Palpite,

Et de feuille en feuille, hésitant,
S'approche, et n'ose
Monter droit au miel que la rose
Lui tend,

Tremblant de ses premières fièvres,
Mon cœur n'osait
Voler droit, des doigts qu'il baisait,
Aux lèvres.

Je sentais en moi, tour à tour,
Plaisir et peine,
Un mélange d'aise et de gêne :
L'amour.

L'amour à douze ans ! Oui, madame,
Et vous aussi,
N'aviez-vous pas quelque souci
De femme ?

Vous faisiez beaucoup d'embarras,
Très occupée
De votre robe, une poupée
Au bras.

Si j'adorais, trop tôt poète,
Vos petits pieds,
Trop tôt belle, vous me courbiez
La tête.

Nous menâmes si bien, un soir,
Le badinage,
Que nous nous mîmes en ménage,
Pour voir.

Vous parliez de bijoux de noces,
Moi du serment,
Car nous étions différemment
Précoces.

On fit la dînette, on dansa ;
Vous prétendîtes
Qu'il n'est noces proprement dites
Sans ça.

Vous goûtiez la plaisanterie
Tant que bientôt
J'osai vous appeler tout haut :
Chérie,

Et je vous ai (car je rêvais)
Baisé la joue ;
Depuis ce soir-là je ne joue
Jamais.

René-François Sully Prudhomme

Un enfant à son frère

Qui m'a couvé neuf mois dans son sein gros d'alarmes ?
Qui salua ma vie avec des pleurs joyeux ?
Qui sous ses longs baisers éparpillait mes larmes ?
C'est ma mère. Une mère en ses bras pleins de charmes,
Nous reçoit tout tremblants quand nous tombons des cieux.

Qui relevait mes pas quand je rampais à terre,
Forte de son sourire où s'arrêtaient mes pleurs ?
Sa bouche sur ma bouche, oh qui me faisait taire ?
C'est ma mère, une mère avec un saint mystère,
Enveloppe nos cris dans ses chants ou ses fleurs !

Qui soutenait ma tête et retenait ma vie,
Quand mon berceau brûlait de mes fièvres d'enfant ?
Qui promettait le monde à ma rêveuse envie ?
C'est ma mère. Une mère à toute heure est suivie
D'un ange à la main pleine, au rire triomphant !

Qui, lorsque l'insomnie ouvrait mes yeux dans l'ombre,
Me faisait des tableaux plus doux que le sommeil ?
Qui m'apprenait que Dieu veille la nuit dans l'ombre ?
C'est ma mère. Une mère a des secrets sans nombre,
Pour délecter notre âme à l'heure du réveil.

Quand elle eut délié ma langue à la prière,
Qui battait la mesure à mes douces chansons ?
Sur mon livre muet qui versa la lumière ?
C'est ma mère. Une mère ouvre notre paupière ;
Au feu de ses regards, moi, j'ai lu mes leçons.

Quand elle vieillira... Dieu ! n'est-ce pas un rêve ?
Elle a dit qu'elle aura bientôt des cheveux blancs ;
Qu'elle s'inclinera comme un jour qui s'achève,
Cette mère. A son cœur nous prenons tant de sève !

Dis, que ce sera triste à voir ses pas tremblants ?
Si tu veux, nous irons où l'on trouve des roses,
Pour lier une fleur à chacun de ses jours ;
Nous irons dans un bois sombre et loin si tu l'oses,
Et nous la retiendrons par tant de belles choses,
Qu'à force d'être heureuse elle vivra toujours !

Marceline Desbordes-Valmore

Ronde pour les enfants

Fillettes, les fleurs sont écloses,
Dansez, courons.
Je suis ébloui par les roses
Et par vos fronts.

Chez les fleurs vous êtes les reines ;
Nous le dirons
Aux bois, aux prés, aux marjolaines,
Aux liserons.

Avec l'oiselle l'oiseau cause,
Et s'interrompt
Pour la quereller d'un bec rose,
Aux baisers prompt.

Donnez-nous, gaités éphémères,
Futurs tendrons,
Beaucoup de baisers... - A vos mères
Nous les rendrons.

Victor Hugo

La Cicatrice

UNE CROÛTE ASSEZ LAIDE EST SUR LA CICATRICE.
Jeanne l'arrache, et saigne, et c'est là son caprice ;
Elle arrive, montrant son doigt presque en lambeau.
- J'ai, me dit-elle, ôté la peau de mon bobo. -
Je la gronde, elle pleure, et, la voyant en larmes,
Je deviens plat. - Faisons la paix, je rends les armes,
Jeanne, à condition que tu me souriras. -
Alors la douce enfant s'est jetée en mes bras,
Et m'a dit, de son air indulgent et suprême :
- Je ne me ferai plus de mal, puisque je t'aime. -
Et nous voilà contents, en ce tendre abandon,
Elle de ma clémence et moi de son pardon.

7 juillet 1875
Victor Hugo
L'Art d'être grand-père, 1877

Le cerisier

Lorsque j'étais enfant, qu'un petit coin de terre
Me servait d'horizon ;
Lorsque je m'enivrais de l'air, de la lumière,
De la brise, des fleurs, de l'onde, du gazon ;

Lorsque j'aimais, rieuse, à plonger dans le sable
Mes petits pieds tout nus ;
A suivre un papillon, rapide, insaisissable ;
A chanter des oiseaux les refrains bien connus ;

J'avais dans mon jardin, un vieux pan de muraille
Que le temps ébréchait,
Y laissant chaque jour une nouvelle entaille,
Et sur ce mur poudreux un cerisier montait.

Dans la niche qu'y fit une pierre crevée
Habitait un moineau,
Soignant avec amour sa gentille couvée
Pour qui le cerisier formait un vert rideau.

Quand les fruits étaient mûrs, toujours d'intelligence
Et l'enfant et l'oiseau

A ses rameaux chargés venaient sans défiance
Dérober à l'envi le plus brillant joyau ;

Et ce plumage brun et cette blonde tête
Au soleil rayonnaient…
La joie était si vraie et si pure,
Qu'en voyant ce bonheur les anges souriaient.

Oh ! que ce souvenir semble rempli de grâce !
Qu'il me revient touchant !
Non, jamais ici-bas rien n'efface la trace
Que conserve l'esprit de nos plaisirs d'enfant.

Et quel être n'a point empreint dans sa mémoire
Un nid d'oiseau, un cerisier,
De ces temps où le cœur ne sait qu'aimer et croire
Comme la voix ne sait que bénir et prier.

L. Fortoul

L'Ecolier gourmand

UN ÉCOLIER, NOMMÉ THOMAS,
En traversant le salon de son maître
Pour se rendre à la classe, à ses yeux vit paraître,
Posé sur une assiette, un très beau chasselas ;
Grappe unique, superbe, et pour cette journée,
A son dessert sans doute destinée ;
C'était bien là pour lui le vrai fruit défendu.
N'importe, il s'en saisit ; mais ayant souvenance
D'avoir, à l'église, entendu
Publier des bans d'alliance,
Notre écolier, d'un naturel badin,
Veut suivre ici la même route.
Elevant donc en l'air la grappe de raisin :
« Je proclame, dit-il, à quiconque m'écoute
La publication des bans
Entre cette grappe et mes dents.
Si quelqu'un à ces nœuds s'oppose,
Qu'il le déclare et m'en dise la cause. »
Point de réponse ! allons ! qui ne dit rien consent,
Avalons donc. » Ainsi fait mon gourmand.
Puis, croyant bien que secrète est la chose,
Il entre en classe et se met à son banc.

CORRECTION
VIGOUREUSE
&
MÉRITÉE

Mais, ô fatale destinée !
Le maître l'avait vu croquant son chasselas,
Avait tout entendu : c'était bien là le cas
De punir ; il vient donc, cachant une poignée
De longues verges sous son bras ;
Puis déployant l'arme inhospitalière :
« Messieurs, dit-il, je proclame les bans
Entre cette arme et le derrière
D'un écolier, le plus fin des gourmands.
Si quelqu'un à ces nœuds s'oppose,
Qu'il le déclare et m'en dise la cause. »
Thomas, sans être un grand devin,
A ce discours se reconnut soudain ;
Mais prompt en fines reparties :
« A ces nœuds-là, dit-il, je m'oppose très fort. »
« - Vous, monsieur, pourquoi donc ? - Parce que les parties
Entre elles ne sont pas d'accord.
- C'est vrai, dit en riant le maître. »
Et c'est vous dire qu'il fit grâce à qui le fit rire.
Ce qui nous prouve aussi que dans un mauvais cas
Souvent un esprit fin se tire d'embarras.

Emile de Girardin

L'Enfant et le vieillard

Oh ! le lis est moins pur qu'un bel enfant candide,
Nouvellement tombé de vos mains, ô mon Dieu !
On sent bien qu'il vous quitte, et, sur son front limpide,
On voit la trace encor de vos baisers d'adieu.

Son bon ange gardien, dans son âme nouvelle,
N'aperçoit nul point noir : tout est blanc et radieux ;
Jamais, pour s'envoler, l'ange n'ouvre son aile,
Et jamais il ne met la main devant ses yeux.

Dans le cœur de l'enfant, point de lave de flamme,
Point de serpent caché qui jette son venin ;
Tout est candeur : mon Dieu ! vous faites sa jeune âme
Comme un calice d'or plein d'un parfum divin.

Mais l'enfant devient homme, et le vice s'éveille ;
L'ange gardien s'endort, ou bien remonte au ciel ;
Sur le calice d'or rarement l'homme veille ;
Il le laisse remplir de limon et de fiel.

Puis il vieillit et voit ses passions éteintes ;
Il se fait pur ; sa main se lève pour bénir.
L'enfant et le vieillard, ce sont deux choses saintes :
L'un vient de fermer l'aile, et l'autre va l'ouvrir.

J'aime leurs cheveux blancs, j'aime leur tête blonde,
De notre pauvre terre ils ne sont qu'à moitié ;
Ils ne touchent en rien aux passions du monde,
L'un en est pur, et l'autre en est purifié.

Il est doux, dans les jours de doute et de souffrance,
Où l'on n'a foi qu'au vice, où l'on pleure abattu,
D'avoir un bel enfant pour croire à l'innocence,
Un père en cheveux blancs pour croire à la vertu.

Anaïs Ségalas

« Le droit de l'enfant, c'est d'être un homme : ce qui fait l'homme, c'est la lumière ; ce qui fait la lumière c'est l'instruction. »

Victor Hugo

Jeux de l'enfance

La jeune fille, au travail occupée,
Orne avec soin sa docile poupée,
Sur ses devoirs lui fait un long discours,
L'écoute ensuite, et, répondant toujours
A son silence, elle gronde et pardonne,
La gronde encore et sagement lui donne
Tous les avis qu'elle-même a reçus,
En ajoutant : « Surtout, ne mentez plus. »

Un bruit soudain la trouble et l'intimide :
Son jeune frère, écuyer intrépide,
Caracolant sur un léger bâton,
Avec fracas traverse le salon,
Qui retentit de sa course rapide.
A cet aspect, dans les yeux de sa sœur,
L'étonnement se mêle à la tendresse ;
Du cavalier elle admire l'adresse,
Et sa raison condamne avec douceur
Ce jeu nouveau, qui peut être funeste.

Vaine leçon ! Il rit de sa frayeur :
Des pieds, des mains, de la voix et du geste,

De son coursier il hâte la lenteur.
Mais le tambour au loin s'est fait entendre ;
D'un cri de joie il ne peut se défendre.
Il voit passer les poudreux bataillons.
De la musique et des aigres clairons
Le son guerrier l'anime. Il veut descendre,
Il veut combattre ; il s'arme, il est armé.
Un chapeau rond surmonté d'un panache
Couvre à demi son front plus enflammé ;
A son côté fièrement il attache
Le bois paisible en sabre transformé.
Il va partir, lorsque sa sœur tremblante,
Courant à lui, le retient dans ses bras,
Verse des pleurs et ne lui permet pas
De se ranger sous l'enseigne flottante.
De l'amitié le langage touchant
Fléchit enfin ce courage rebelle :
Il se désarme, il s'assied auprès d'elle,
Et pour lui plaire il redevient enfant.
A tous ces jeux la mère est attentive,
Et lit déjà dans leur âme naïve
Les passions, les goûts et le destin
Que leur réserve un avenir lointain.

De Parny

Souvenirs d'enfance

Lieux où jadis m'a bercé l'espérance,
Je vous revois à plus de cinquante ans.
On rajeunit aux souvenirs d'enfance,
Comme on renaît au souffle du printemps.

Salut ! à vous, amis de mon jeune âge.
Salut ! parents que mon amour bénit.
Grâce à vos soins, ici, pendant l'orage,
Pauvre oiselet, j'ai pu trouver un nid.

J'ai fait ici plus d'un apprentissage,
A la paresse, hélas ! toujours enclin.
Mais je me crus des droits au nom de sage,
Lorsqu'on m'apprit le métier de Franklin.

C'était à l'âge où naît l'amitié franche,
Sol que fleurit un matin plein d'espoir.
Un arbre y croît dont souvent une branche
Nous sert d'appui pour marcher jusqu'au soir.

Lieux où jadis m'a bercé l'espérance,
Je vous revois à plus de cinquante ans.
On rajeunit aux souvenirs d'enfance,
Comme on renaît au souffle du printemps.

C'est dans ces murs qu'en des jours de défaites,
De l'ennemi j'écoutais le canon.
Ici ma voix mêlée aux chants des fêtes,
De la patrie a bégayé le nom.

Ame rêveuse, aux ailes de colombe,
De mes sabots, là, j'oubliais le poids.
Du ciel, ici, sur moi la foudre tombe,
Et m'apprivoise avec celle des rois.

Contre le sort ma raison s'est armée
Sous l'humble toit, et vient aux mêmes lieux
Narguer la gloire, inconstante fumée
Qui tire aussi des larmes de nos yeux.

Amis, parents, témoins de mon aurore,
Objets d'un culte avec le temps accru,
Oui, mon berceau me semble doux encore,
Et la berceuse a pourtant disparu.

Lieux où jadis m'a bercé l'espérance,
Je vous revois à plus de cinquante ans.
On rajeunit aux souvenirs d'enfance,
Comme on renaît au souffle du printemps.

P.J. de Béranger

Les frères et les soeurs

Combien on doit aimer ses frères et ses sœurs !
Que ces liens sont doux ! Ensemble dès l'enfance,
Unis par les devoirs, unis par la naissance,
Où trouver des amis et plus sûrs et meilleurs ?

Morel de Vindé

Devenir grand

Un père à ses enfants parlait de l'avenir :
« Dites-moi ce qu'un jour vous voulez devenir.
Voyons, toi d'abord, Charle ! »
Or Charle était un brave,
Et brandissant en l'air son grand sabre de bois,
« Je deviendrai soldat, cria-t-il, et zouave ! »
Albert, qui conduisait deux chaises à la fois,
« Je deviendrai cocher, dit-il d'une voix grave.
- Et toi, mon petit Paul ? » Petit Paul accourant :
« Ça m'est égal, pourvu que je devienne grand ! »
- C'est fort bien parler, dit le père.
Tu deviendras grand, je l'espère. »
Les deux frères riaient, mais le père reprit :
« Oui, beau cocher, et toi, mon sergent de bataille,
Il faut, quelque avenir que le destin nous taille,
Vouloir devenir grand, non pas grand par la taille,
Mais par le coeur et par l'esprit. »

Louis Gustave Désiré Ratisbonne

« La fin de l'enfant, c'est l'homme. »
Aristote

Regardez : les enfants se sont assis en rond

Regardez : les enfants se sont assis en rond.
Leur mère est à côté, leur mère au jeune front
Qu'on prend pour une soeur aînée ;
Inquiète, au milieu de leurs jeux ingénus,
De sentir s'agiter leurs chiffres inconnus
Dans l'urne de la destinée.

Près d'elle naît leur rire et finissent leurs pleurs.
Et son coeur est si pur et si pareil aux leurs,
Et sa lumière est si choisie,
Qu'en passant à travers les rayons de ses jours,
La vie aux mille soins, laborieux et lourds,
Se transfigure en poésie !

Toujours elle les suit, veillant et regardant,
Soit que janvier rassemble au coin de l'âtre ardent

Leur joie aux plaisirs occupée,
Soit qu'un doux vent de mai, qui ride le ruisseau,
Remue au-dessus d'eux les feuilles, vert monceau
D'où tombe une ombre découpée.

Parfois, lorsque, passant près d'eux, un indigent
Contemple avec envie un beau hochet d'argent
Que sa faim dévorante admire,
La mère est là ; pour faire, au nom du Dieu vivant,
Du hochet une aumône, un ange de l'enfant,
Il ne lui faut qu'un doux sourire !

Et moi qui, mère, enfants, les vois tous sous mes yeux,
Tandis qu'auprès de moi les petits sont joyeux
Comme des oiseaux sur les grèves,
Mon coeur gronde et bouillonne, et je sens lentement,
Couvercle soulevé par un flot écumant,
S'entr'ouvrir mon front plein de rêves.

Victor Hugo

Devoirs d'un enfant

ENFANT, CRAINS D'ÊTRE INGRAT, SOIS SOUMIS, SOIS SINCÈRE.
Obéis, si tu veux qu'on t'obéisse un jour ;
Vénère tes parents, offre-leur ton amour ;
Que celui qui t'instruit te soit un second père.

Voltaire

Le coucher d'un petit garçon

« COUCHEZ-VOUS, PETIT PAUL ! IL PLEUT. C'EST NUIT ; C'EST L'HEURE.
Les loups sont au rempart. Le chien vient d'aboyer.
La cloche a dit : « Dormez ! » et l'ange gardien pleure
Quand les enfants si tard font du bruit au foyer.

« JE NE VEUX PAS TOUJOURS ALLER DORMIR ; ET J'AIME
A faire étinceler mon sabre au feu du soir ;
Et je tuerai les loups ! je les tuerai moi-même ! »
Et le petit méchant, tout nu, vint se rasseoir.

- Au colombier fermé nul pigeon ne roucoule ;
Sous le cygne endormi l'eau du lac bleu s'écoule.
Paul ! trois fois la couveuse a compté ses enfants ;
Son aile les enferme, et moi je vous défends !

La lune qui s'enfuit, toute pâle et fâchée,
Dit : « Quel est cet enfant qui ne dort pas encor ? »
Sous son lit de nuage elle est déjà couchée ;
Au fond d'un cercle noir la voilà qui s'endort.

Le petit mendiant, perdu seul à cette heure,
Rôdant avec ses pieds las et froids, doux martyr !
Dans la rue isolée où sa misère pleure,
Mon Dieu ! qu'il aimerait un lit pour s'y blottir ! »

Et Paul, qui regardait encor sa belle épée,
Se coucha doucement en pliant ses habits :
Et sa mère bientôt ne fut plus occupée
Qu'à baiser ses yeux clos, par un ange assoupis.

Marceline Desbordes-Valmore

Prière d'un enfant

Notre Père des cieux, Père de tout le monde,
De tes petits enfants, oh ! c'est toi qui prends soin ;
Mais à tant de bontés tu veux que l'on réponde,
Et qu'on demande aussi, dans une foi profonde,
Les choses dont on a besoin.

Je tiens tout de ta main : la vie et la lumière,
Le blé qui fait le pain, les fleurs que j'aime à voir,
Et mon père et ma mère, et ma famille entière ;
Mais je n'ai rien pour toi, mon Dieu, que la prière
Que je te dis matin et soir.

Notre père des cieux, bénis donc ma jeunesse ;
Pour mes parents chéris je te prie avec foi ;
Afin qu'ils soient heureux, donne-moi la sagesse,
Et fais que leur enfant les contente sans cesse
Pour être aimé d'eux et de toi.

Mme A. Tastu

Fleur d'enfance

L'haleine d'une fleur sauvage,
En passant tout près de mon coeur,
Vient de m'emporter au rivage,
Où naguère aussi j'étais fleur :
Comme au fond d'un prisme où tout change,
Où tout se relève à mes yeux,
Je vois un enfant aux yeux d'ange :
C'était mon petit amoureux !

Parfum de sa neuvième année,
Je respire encor ton pouvoir ;
Fleur à mon enfance donnée,
Je t'aime ! comme son miroir.
Nos jours ont séparé leur trame,
Mais tu me rappelles ses yeux ;
J'y regardais flotter mon âme :
C'était mon petit amoureux !

De blonds cheveux en auréole,
Un regard tout voilé d'azur,
Une brève et tendre parole,
Voilà son portrait jeune et pur :

Au seuil de ma pauvre chaumière
Quand il se sauvait de ses jeux,
Que ma petite âme était fière ;
C'était mon petit amoureux !

Cette ombre qui joue à ma rive
Et se rapproche au moindre bruit,
Me suit, comme un filet d'eau vive,
A travers mon sentier détruit :
Chaste, elle me laisse autour d'elle
Enlacer un chant douloureux ;
Hélas ! ma seule ombre fidèle,
C'est vous ! mon petit amoureux !

Femme ! à qui ses lèvres timides
Ont dit ce qu'il semblait penser,
Au temps où nos lèvres humides
Se rencontraient sans se presser ;
Vous ! qui fûtes son doux Messie,
L'avez-vous rendu bien heureux ?
Du coeur je vous en remercie :
C'était mon petit amoureux !

Marceline Desbordes-Valmore

Le houx

Par le houx épineux un jeune enfant blessé,
A son père en pleurant racontait sa disgrâce :
« Ce maudit arbrisseau, de dards tout hérissé,
Dans ce joli bosquet devrait-il trouver place ?
A quoi sert-il ? A piquer les passants !
- A donner quelquefois des leçons de prudence ;
A vous prouver, mon fils, par votre expérience,
Qu'il faut s'éloigner des méchants. »

Bressier

Les parents

Des soins que vos parents vous donnent chaque jour,
Que votre attachement soit une récompense.
Qu'ils doivent vos efforts et votre obéissance
Moins aux lois du devoir qu'à celles de l'amour.

Pierre Corneille

Tendresse d'une mère pour son enfant

Quels tendres soins ! Dort-il, attentive, elle chasse
L'insecte dont le vol ou le bruit le menace ;
Elle semble défendre au réveil d'approcher.
La nuit même d'un fils ne peut la détacher ;
Son oreille de l'ombre écoute le silence,
Ou, si Morphée endort sa tendre vigilance,
Au moindre bruit ouvrant ses yeux appesantis,

Elle vole, inquiète, au berceau de son fils ;
Dans le sommeil longtemps le contemple immobile,
Et rentre dans sa couche à peine encor tranquille.
S'éveille-t-il, son sein, à l'instant présenté,
Dans les flots d'un lait pur lui verse la santé.
Qu'importe la fatigue à sa tendresse extrême ?
Elle vit dans son fils, et non pour elle-même.
Quel zèle infatigable et quels généreux soins !
Bientôt d'autres bontés suivent d'autres besoins.
L'enfant de jour en jour avance dans la vie,
Et, comme les aiglons qui, cédant à l'envie
De mesurer les dieux dans leur premier essor,

147

Exercent près du nid leur aile faible encor,
Doucement soutenu sur ses mains chancelantes,
Il commence l'essai de ses forces naissantes.
Sa mère est près de lui ; c'est elle dont le bras
Dans leur débile effort aide ses premiers pas :
Elle suit la lenteur de sa marche timide ;
Elle fut sa nourrice, elle devint son guide :
Elle devient son maître au moment où sa voix
Bégaye à peine un nom qu'elle entendit cent fois.
Ma mère ! est le premier qu'elle l'enseigne à dire ;
Elle est son maître encor dès qu'il s'essaye à lire.

Legouvé

L'enfant et la raquette

Un enfant, joli comme un cœur,
Récitait à trois ans plusieurs fables par cœur,
Savait son catéchisme, et commençait à lire.
Je n'ai besoin de dire
Que de sa mère il était le bijou
Et que, sans le gâter, son père en était fou.

Trop s'appliquer nuit à l'enfance ;
Il lui faut de l'amusement.
La mère le sentit. On achète un volant,
On le donne au petit, comme une récompense
Du devoir fait diligemment.
L'enfant, armé de sa raquette
Ne s'occupe plus que du jeu ;
Pour son volant il est tout feu :
Dix fois par jour, en public, en cachette,
Il s'exerce, c'est là son unique recette.
De catéchisme, point de lecture, très peu.
Tant il fut procédé, qu'enfin la chère bonne
Va dire à la maman que le petit garçon,
Au lieu d'apprendre sa leçon,
Malgré sa remontrance, au jeu seul s'abandonne.
La mère fait venir l'enfant,
Lui reproche ses torts, et reprend le volant.
Mon fils, je veux bien qu'on s'amuse ;
Mais quand de mes bontés je vois que l'on abuse,
Je sais comment il faut punir :
Du volant enlevé perdez le souvenir.
Croyez-vous qu'en jouant on acquière la science ?
Je ne saurais, mon fils, trop vous le répéter,
Le jeu pour les enfants est une récompense,

Et c'est par le travail qu'on doit la mériter.
Le petit, mis en pénitence,
Prouve, les yeux en pleurs, le cœur plein de soupirs,
Que souvent nos chagrins naissent de nos plaisirs.

L'abbé Clément

L'humeur

Point d'humeur, mes enfants, et point de repartie :
Lorsque l'on vous punit pour vous rendre meilleurs,
On le fait à regret ; on ressent vos douleurs ;
Et vous devez chérir la main qui vous châtie.

Morel de Vindé

L'enfant et le miroir

Un enfant, élevé dans un pauvre village,
Revint chez ses parents, et fut surpris d'y voir
Un miroir.

D'abord il aima son image ;
Et puis, par un travers bien digne d'un enfant,
Et même d'être un peu plus grand,
Il veut outrager ce qu'il aime,
Lui fait une grimace, et le miroir la rend.
Alors son dépit est extrême,
Il lui montre un poing menaçant
Et se voit menacé de même.
Notre marmot fâché, s'en vient en frémissant
Battre cette image insolente ;
Il se fait mal aux mains ; sa colère en augmente ;
Et, furieux, au désespoir,
Le voilà devant ce miroir
Criant, pleurant, frappant la glace.
Sa mère qui survient le console, l'embrasse,
Tarit ses pleurs, et doucement lui dit :
N'as-tu pas commencé par faire la grimace
A ce méchant enfant qui cause ton dépit ?
Oui. - Regarde à présent : tu souris, il sourit ;
Tu tends vers lui les bras, il te les tend de même,
Tu n'es plus en colère, il ne se fâche plus...
De la société tu vois ici l'emblème :
Le bien, le mal nous sont rendus.

Florian

Les maîtres

Aimez et respectez tous ces maîtres si bons,
Qui veulent bien sans cesse instruire votre enfance.
Que de peines, de soins ! ah ! pour leur récompense,
Mettez bien à profit leurs utiles leçons.

Morel de Vindé

Le maître d'école du village

Le voici : son port, son air de suffisance,
Marquent dans son savoir sa noble confiance.
Il sait, le fait est sûr, lire, écrire et compter ;
Sait instruire à l'école ; au lutrin sait chanter ;
Connaît les lunaisons, prophétise l'orage,
Et même du latin eut jadis quelque usage.
Dans les doctes débats, ferme et rempli de cœur,
Même après sa défaite, il tient tête au vainqueur.
Voyez, pour gagner temps, quelles lenteurs savantes
Prolongent de ses mots les syllabes traînantes !
Tout le monde l'admire, et ne peut concevoir

Que dans un cerveau seul loge tant de savoir.
Du reste, inexorable aux moindres négligences,
Tant il a pris à cœur le progrès des sciences !
Paraît-il ? sur son front ténébreux ou serein,
Le peuple des enfants croit lire son destin.
Il veut, on se sépare ; il fait signe, on s'assemble ;
Il s'égaie, et l'on rit ; il se ride, et tout tremble.
Il caresse, il menace, il punit, il absout.
Même absent, on le craint ; il voit, il entend tout ;
Un invisible oiseau lui dit tout à l'oreille ;
Il sait celui qui rit, qui cause, qui sommeille,
Qui néglige sa tâche, et quel doigt polisson
D'une adroite boulette a visé son menton.
Non loin croît le bouleau dont la verge pliante
Est sourde aux cris plaintifs de leur voix suppliante,
Qui, dès qu'un vent léger agite ses rameaux,
Fait frissonner d'effroi cet essaim de marmots,
Plus pâles, plus tremblants encor que son feuillage…
J'ai vu, j'ai reconnu ; j'ai touché de mes mains
Cet arbre dont s'armaient mes pédants inhumains,
Ce saule, mon effroi, mon bienfaiteur peut-être.
En secondant ses soins, rendez-le plus soigneux.
Rien n'est vil pour le sage ; un sot est dédaigneux.
Il faut dans les emplois, quoique orgueil en pense,

Aux grands la modestie, aux petits l'importance.
Encouragez-le donc ; songez que dans ses mains
De ce peuple naissant reposent les destins ;
Et, rendant à ses yeux son office honorable,
Laissez-le s'estimer pour qu'il soit estimable.

Delille

Enfantine

« Elle excuse tout, elle croit tout,
elle espère tout, elle supporte tout. »
I, Corinthiens, XIII.

La grand-mère s'était assise, avait tiré
Le saint livre du vieil étui tout déchiré,
Avait pris dans saint Paul à la première épître
Dite « aux Corinthiens » le treizième chapitre,
Avait placé le livre ouvert sur ses genoux,
Puis appelé près d'elle avec un ton très doux
Son petit-fils. L'enfant, de ses lèvres pourprées,
Epelait lentement les syllabes sacrées.

Il apprenait à lire et soupirait souvent
De prendre tant de peine à devenir savant,
Au lieu de s'amuser et faire du tapage,
Et de tant s'appliquer sur cette grande page
Où tous les mots semblaient de la moitié plus longs,
Au lieu d'aller courir après les papillons.
Mais tout en soupirant il en était à lire
Le septième verset, lorsque avec un sourire,
Détachant ses regards du livre de la foi :
« O grand-mère, dit-il, la charité, c'est toi ! »

Louisa Siefert

A Petite Jeanne

VOUS EÛTES DONC HIER UN AN, MA BIEN-AIMÉE.
Contente, vous jasez, comme, sous la ramée,
Au fond du nid plus tiède ouvrant de vagues yeux,
Les oiseaux nouveau-nés gazouillent, tout joyeux
De sentir qu'il commence à leur pousser des plumes.
Jeanne, ta bouche est rose ; et dans les gros volumes
Dont les images font ta joie, et que je dois,

Pour te plaire, laisser chiffonner par tes doigts,
On trouve de beaux vers ; mais pas un qui te vaille
Quand tout ton petit corps en me voyant tressaille ;
Les plus fameux auteurs n'ont rien écrit de mieux
Que la pensée éclose à demi dans tes yeux,
Et que ta rêverie obscure, éparse, étrange,
Regardant l'homme avec l'ignorance de l'ange.
Jeanne, Dieu n'est pas loin puisque vous êtes là.

Ah ! vous avez un an, c'est un âge cela !
Vous êtes par moments grave, quoique ravie ;
Vous êtes à l'instant céleste de la vie
Où l'homme n'a pas d'ombre, où dans ses bras ouverts,
Quand il tient ses parents, l'enfant tient l'univers ;
Votre jeune âme vit, songe, rit, pleure, espère
D'Alice votre mère à Charles votre père ;
Tout l'horizon que peut contenir votre esprit
Va d'elle qui vous berce à lui qui vous sourit ;
Ces deux êtres pour vous à cette heure première
Sont toute la caresse et toute la lumière ;
Eux deux, eux seuls, ô Jeanne ; et c'est juste ; et je suis,
Et j'existe, humble aïeul, parce que je vous suis ;
Et vous venez, et moi je m'en vais ; et j'adore,
N'ayant droit qu'à la nuit, votre droit à l'aurore.

Votre blond frère George et vous, vous suffisez
A mon âme, et je vois vos jeux, et c'est assez ;
Et je ne veux, après mes épreuves sans nombre,
Qu'un tombeau sur lequel se découpera l'ombre
De vos berceaux dorés par le soleil levant.

Ah ! nouvelle venue innocente, et rêvant,
Vous avez pris pour naître une heure singulière ;
Vous êtes, Jeanne, avec les terreurs familière ;
Vous souriez devant tout un monde aux abois ;
Vous faites votre bruit d'abeille dans les bois,
Ô Jeanne, et vous mêlez votre charmant murmure
Au grand Paris faisant sonner sa grande armure.
Ah ! quand je vous entends, Jeanne, et quand je vous vois
Chanter, et, me parlant avec votre humble voix,
Tendre vos douces mains au-dessus de nos têtes,
Il me semble que l'ombre où grondent les tempêtes
Tremble et s'éloigne avec des rugissements sourds,
Et que Dieu fait donner à la ville aux cent tours
Désemparée ainsi qu'un navire qui sombre,
Aux énormes canons gardant le rempart sombre,
A l'univers qui penche et que Paris défend,
Sa bénédiction par un petit enfant.

Victor Hugo

Aux enfants qui pleurent

Vous qui ne savez pas combien l'enfance est belle,
Enfants, n'enviez pas notre âge de douleur,
Où le cœur tour à tour est esclave ou rebelle,
Où le rire est souvent plus triste que vos pleurs !

Oh ! ne vous hâtez pas de mûrir vos pensées ;
Jouissez du matin, jouissez du printemps.
Vos heures sont des fleurs l'une à l'autre enlacées ;
Ne les effeuillez pas plus vite que le temps.

Riez, enfants ; du sort ignorez la puissance ;
Ah ! n'attristez jamais votre front gracieux,
Votre œil d'azur, miroir de paix et d'innocence,
Qui révèle votre âme et réfléchit les cieux.

Victor Hugo

*« Le premier soupir de l'enfance
est pour la liberté. »*

Vauvenargues

Le papillon et l'enfant

Papillon, joli papillon,
Venez vite sur cette rose.
Pour vous, avec ce frais bouton,
Je l'ai cueillie à peine éclose.
Ainsi chantait un jeune enfant,
Et le voilà qui se dispose
A saisir l'insecte brillant,
Pour peu que sur elle il se pose.
L'insecte était malin ; il répond : « Serviteur !
J'ai vu le piège, ami, je ne vois plus la fleur. »

Le filleul des Guerrot

Belle humeur

Soyez, à tout venant, toujours de bonne humeur ;
La gaité fait du bien, et donne du courage.
L'enfant toujours joyeux en fait mieux son ouvrage ;
Il a bien plus de mal, s'il est triste et boudeur.

Anonyme

Aux petits rapporteurs

C'est un bien grand défaut que d'aller rapporter :
Ne vous permettez pas cette lâche vengeance.
Si l'on vous fait du mal, sachez le supporter ;
Qu'un oubli généreux suive à l'instant l'offense.

Donner aux pauvres
Enfant, donnez au pauvre, au pauvre qui vous prie :
L'aumône est un parfum répandu sur la vie ;
Donnez, donnez au nom du ciel,
Vous en aurez la récompense.
Donnez, enfant, donnez ; l'aumône de l'enfance
Devient un souvenir aussi doux que le miel.

J. Chantrel

Pierre et le lapin

Je vois là-bas un beau lapin :
Si je pouvais l'avoir, dit Pierre,
Pour courir avec lui dans notre grand jardin,
Que je serais heureux ! Ma bourse tout entière

Ne suffit pas pour l'acheter :
Trois fois je viens de la compter.
Cela me tient au cœur, et je ne sais que faire !

Pierre cette leçon est bonne à retenir :
Apprends, lorsqu'à tes vœux cet accident s'oppose,
Qu'un enfant ne doit pas désirer une chose,
Avant qu'il soit bien sûr de pouvoir l'obtenir !

Jérémie Van Alphen

Le souvenir d'une mère

Oh ! souviens-toi de cette main si chère,
Qui t'a comblé de soins et de bienfaits !
Le jour, la nuit, ta vigilante mère
De ton berceau ne s'écartait jamais ;
Les yeux fixés sur ta faible paupière,
Quand tu goûtais un paisible sommeil,
Auprès de toi veillait ta bonne mère
Pour te sourire au moment du réveil.

Ta bouche encor ne savait pas le dire,
Mais tu savais, hélas ! déjà souffrir.
Dans tes soupirs une mère sut lire,
Et tu la vis aussitôt accourir :
Lorsque tes maux alarmaient sa tendresse
Elle sentait plus que toi tes douleurs.
Combien de fois une douce caresse
Et ses baisers ont-ils séché tes pleurs !

Bientôt peut-être à mille objets frivoles,
Tu donneras ton jeune et faible cœur,
Et consumé des flammes les plus folles,
Pour une mère, il n'aura que froideur ;
Mais à son fils, ta mère plus fidèle,
Te chérira jusqu'au dernier instant ;
Et ce sera la dernière étincelle
Qui s'éteindra dans son cœur expirant.

O cher enfant, qui vois encore ta mère,
Qui peux encore embellir ses destins ;
Ouvre ton cœur au désir de lui plaire,
Préviens ses maux, adoucis ses chagrins ;
Un jour, hélas ! consolé de lui rendre
Tous ces bienfaits que tu reconnaîtras,

Tu n'auras plus qu'à gémir sur sa cendre,
Versant des pleurs qu'elle ne verra pas.

O doux souvenir d'une mère !
Dans mon cœur tu vivras toujours,
Le soleil perdra sa lumière,
Les fleuves suspendront leur cours,
Mais moi, toujours, toujours, toujours,
Toujours, j'aimerai ma mère,
Toujours !

L.

Le père

Quelque irrité que vous paraisse un père,
Croyez qu'il est toujours votre ami le plus doux.
Son cœur, en vous montrant un courroux nécessaire,
S'émeut pour votre bien et souffre plus que vous.

Anonyme

Si

Si tu peux voir détruit l'ouvrage de ta vie
Et sans dire un seul mot te mettre à rebâtir,
Ou perdre d'un seul coup le gain de cent parties
Sans un geste et sans un soupir ;

Si tu peux être amant sans être fou d'amour,
Si tu peux être fort sans cesser d'être tendre
Et, te sentant haï, sans haïr à ton tour,
Pourtant lutter et te défendre ;

Si tu peux supporter d'entendre tes paroles
Travesties par des gueux pour exciter des sots,
Et d'entendre mentir sur toi leurs bouches folles
Sans mentir toi-même d'un seul mot ;

Si tu peux rester digne en étant populaire,
Si tu peux rester peuple en conseillant les rois
Et si tu peux aimer tous tes amis en frère
Sans qu'aucun d'eux soit tout pour toi ;

Si tu sais méditer, observer et connaître
Sans jamais devenir sceptique ou destructeur ;

Rêver, mais sans laisser ton rêve être ton maître,
Penser sans n'être qu'un penseur ;

Si tu peux être dur sans jamais être en rage,
Si tu peux être brave et jamais imprudent,
Si tu sais être bon, si tu sais être sage
Sans être moral ni pédant ;

Si tu peux rencontrer Triomphe après Défaite
Et recevoir ces deux menteurs d'un même front,
Si tu peux conserver ton courage et ta tête
Quand tous les autres les perdront,

Alors les Rois, les Dieux, la Chance et la Victoire
Seront à tout jamais tes esclaves soumis
Et, ce qui vaut mieux que les Rois et la Gloire,
Tu seras un homme, mon fils.

Rudyard Kipling

Biographie des auteurs les plus connus

Coppée François (1842 - 1908) :
Poète, dramaturge et romancier français.

Desbordes-Valmore Marceline (1786 - 1859)
était une poétesse française qui connut de nombreux drames tout au long de sa vie.

Florian (de) Jean-Pierre Claris (1755-1794):
Poète, fabuliste et écrivain français, protégé de Voltaire.

Gautier Théophile (1811 - 1872) :
Poète romantique, romancier et critique d'art français.

Girardin (de) Emile (1802 - 1881) :
Journaliste et homme politique français.

Guérin Charles (1873 - 1907) : Poète français.

Hugo Victor (1802-1885) :
Poète et romancier considéré comme l'un des plus importants écrivains de langue française.

Jammes Francis (1868-1938) :
Poète, romancier, dramaturge et critique français.

Kipling Rudyard (1865 - 1936) :
Ecrivain britannique né à Bombay, principalement connu pour son Livre de la jungle.

Lacaussade Auguste (1815 - 1897) : Poète français quarteron né à la Réunion Fidèle ami de Leconte de Lisle.

La Fontaine (de) Jean (1621-1695) : Fabuliste.

Lamartine (de) Alphonse (1790 - 1869) :
Poète et romancier. Il est l'une des plus grandes figures du romantisme en France.

Maupassant (de) Guy (1850 - 1893) :
Ecrivain français contemporain de Gustave Flaubert et d'Emile Zola.

Musset (de) Alfred (1810 - 1857) :
Poète et dramaturge français, figure du romantisme.

Nerval (de) Gérard (1808 - 1855) :
Ecrivain et poète romantique français.

Noailles (de) Anna-Élisabeth *(1876 - 1933)* :
Comtesse, poétesse et romancière française, d'origine roumaine.

Richepin Jean *(1849-1926)* :
Poète et écrivain français.

Samain Albert *(1858 - 1900)* : Poète symboliste français. Il est l'inventeur du sonnet à 15 vers.

Sully Prudhomme René-François *(1839 - 1907)* : Poète français, premier lauréat du Prix Nobel de littérature en 1901.

Vigny (de) Alfred *(1797 - 1863)* :
Ecrivain, dramaturge et poète français et une des principales figures du romantisme.

Vindé (de) Morel *(1759-1842)* :
Homme politique et littérateur français.

Votaire *(1694-1778)* : Philosophe et écrivain français.

Bibliographie

- ★ *Les Poésies de l'enfance, recueil de pièces de vers à la portée et à l'usage des plus jeunes enfants, Jean-Philippe -Auguste Lalanne - 1856*
- ★ *Petits poèmes à l'usage de l'enfance, Jérémie van Alphen, traduits par Auguste Clavareau - 1835*
- ★ *Recueil gradué de poésies morales et religieuses à l'usage des écoles primaires, Ch. Heintz et J.-J. Roth - 1855*
- ★ *Choix de poésies à l'usage des classes élémentaires du collège de Saint-Thomas-d'Aquin -1853*
- ★ *La Corbeille de l'enfance, choix gradué de cent jolis morceaux de poésies recueillis, mis en ordre et annotés, avec quelques réflexions sur chacun par Mme M. J. Adolphe Guerard-1853*
- ★ *La Muse du jeune âge, ou Choix de poésies : à l'usage des maisons d'éducation, M. Ph. Lamotte -1838*
- ★ *Œuvres complètes de Victor Hugo, Victor Hugo - 1882*
- ★ *Les Enfants (Le livre des mères), Victor Hugo- 1870*
- ★ *Poésies de jeunesse, Gérard de Nerval, 1885*
- ★ *Le Chariot d'or, Albert Samain - 1907*
- ★ *Oeuvres complètes de Guy de Maupassant, Des Vers, Poésies inédites, Volume 2, 1908-1910*
- ★ *Les Poésies de l'enfance, Mmes Desbordes- Valmore - 1881*
- ★ *Les Cahiers de Ondine Valmore , Ondine Valmore -1932*
- ★ *Le Cœur innombrable, Anna de Noailles - 1901*
- ★ *Oeuvres complètes d'André Chénier, publiées d'après les manuscrits par Paul Dimoff - 1907*
- ★ *La Chanson des gueux : gueux des champs, gueux de Paris, nous autres gueux (2e édition) / Jean Richepin - 1876*
- ★ *Poèmes et Paysages, Auguste Lacaussade, 1852*
- ★ *François Coppée, Le Cahier Rouge, 1910*
- ★ *Pomme d'Anis ; ou, L'histoire d'une jeune fille infirme, Francis Jammes, 1904*
- ★ *Les Solitudes : poésies, Sully Prudhomme, 1869*
- ★ *L'Art d'être grand-père, Victor Hugo, 1877*
- ★ *Les Premières leçons par cœur pour les enfants des deux sexes de six à neuf ans, Aug Braud - 1857*
- ★ *Le Livre des jeunes écoliers à l'usage des écoles primaires et des familles, Yves Willequet, 1858.*

Illustrations

Couverture et p.110 : La chasse aux papillons, Chocolat Poulain - Jeanne dort, Chocolat Poulain, p.11 - L'Enfant et le maître d'école, Chauvet et Cie, p.18 - La jeunesse, p.24 - Le bouc aux enfants, p.33 - Jeanne était au pain sec, Défradat-Chavagnac, p.37 - La poupée ouverte, Chocolat Poulain, p.41 - Souvenirs d'enfance, p.46 - Aux bains de mer, Chocolat Poulain, p.52 - Les grands mères, p.59 - Les fées, Le Royal Chocolat, p.63 - Ronde pour les enfants, Au bon marché, p.71 - L'écolier gourmand, A. Domin, p.76 - Jeux de l'enfance, p.81 - Le coucher d'un petit garçon, Chocolat Poulain, p.91 - Tendresse d'une mère pour son enfant, p.97 - Le maître d'école du village, Chocolat Poulain, p.103 - Pierre et le lapin, Chocolat de la Cie française, p.113 - Toutes les images sont issues de la collection des Editions Les Vieux Tiroirs.

Ouvrages déjà parus

BIBLIOTHÈQUE DIVERTISSANTE ET INTEMPORELLE
À L'USAGE DES PLUS JEUNES

★ **Petit recueil de Poèmes sur l'Enfance**

★ **Petit recueil de Poèmes sur l'Amour dans tous ses états**

★ **Petit recueil de Poèmes sur les Mois et les fêtes de l'année**

Nos Collections

BIBLIOTHÈQUE AMUSANTE ET INSTRUCTIVE
À L'USAGE DES CURIEUX

LES CHEMINS DE L'HISTOIRE

BIBLIOTHÈQUE PLAISANTE ET ENRICHISSANTE
À L'USAGE DES BAVARDS

BIBLIOTHÈQUE JOLIE ET RIMÉE À L'USAGE DES POÈTES

PLUME D'OIE

Publié par les **Editions Les Vieux Tiroirs**
Le Bourg - 43380 Villeneuve d'Allier

Dépôt Légal : Septembre 2014
E-mail : **info@lesvieuxtiroirs.com**
Textes & Iconographie : Collectif
Graphisme & Mise en page : Damien Locussol
Première édition.
Imprimeur : Industria Grafica Cayfosa
Imprimé en Espagne : 09/2014